Fateh Bouleksair

Créer la Réussite

Fateh Bouleksair

Créer la Réussite

Éditions Vie

Imprint

Any brand names and product names mentioned in this book are subject to trademark, brand or patent protection and are trademarks or registered trademarks of their respective holders. The use of brand names, product names, common names, trade names, product descriptions etc. even without a particular marking in this work is in no way to be construed to mean that such names may be regarded as unrestricted in respect of trademark and brand protection legislation and could thus be used by anyone.

Cover image: www.ingimage.com

Publisher:
Éditions Vie
is a trademark of
Dodo Books Indian Ocean Ltd. and OmniScriptum S.R.L publishing group

120 High Road, East Finchley, London, N2 9ED, United Kingdom
Str. Armeneasca 28/1, office 1, Chisinau MD-2012, Republic of Moldova, Europe
Printed at: see last page
ISBN: 978-613-9-59185-5

Créer la Réussite

Clefs en main

Fateh bouleksair

Du même auteur:

- Le secret du Reich
- Ma jolie Julie
- Il respire les poèmes
- Mes secrets pensants
- Le manuel du sophrologue

A mon cher fils

« Ma philosophie de la vie est de travailler, en mettant en évidence les secrets de la nature, et en les appliquant pour le bonheur de l'homme. Je ne connais pas de service à rendre mieux que celui-ci durant le court temps que nous avons à passer dans ce monde. »

Thomas Edison

Introduction

Le **SUCCES** !

Nous le cherchons tous consciemment ou inconsciemment et le voulons tous dans chaque domaine de notre vie.

Ce n'est pourtant pas un miracle, ni une question de chance. Chaque chose sur cette terre se produit pour une raison, bonne ou mauvaise, positive ou négative. Si vous tenez une pierre et que vous la lâchez, elle tombera. Si l'eau devient suffisamment froide, elle gèlera. Si vous chauffez à l'excès un papier, il prendra feu. Ce sont des **lois de la nature**. Quand on les connaît, on peut expliquer et prévoir certains phénomènes de notre monde.

Et plus on comprend ces lois, mieux on maîtrise notre monde et moins certaines choses deviennent des mystères. ***Telle cause produit tel effet***.

Dans ***La Science du Succès***, nous montrons qu'il y a aussi des lois qui déterminent le succès, des lois qui expliquent pourquoi certaines personnes réussissent pendant que d'autres échouent. Si vous apprenez à comprendre ces lois et à vivre en harmonie avec elles, vous connaîtrez le succès, vous jouerez gagnant dans ce « jeu » qu'est la vie.

Il y a une science du succès. **Il y a des lois qui gouvernent le processus qui permet d'avoir du succès, de réussir dans la vie ou dans n'importe quel domaine, personnel ou professionnel**. Une fois que ces lois sont bien apprises et appliquées par une personne, quel que soit son sexe, sa race ou son âge, elle réussira avec une certaine certitude mathématique.

Le succès commence à l'intérieur de vous. Ce n'est pas un accident. C'est une aptitude que tout le monde peut acquérir. Mais vous avez besoin d'une stratégie, de techniques approuvées pour concevoir les contours de votre propre succès.

Nous avons consacré plusieurs années à étudier le processus qui conduit au succès. La plupart des principes contenus dans ce livre proviennent de **recherches**, d'**observations**, d'**écoutes** et de **questionnements**.

Notre étude nous a conduit à rechercher l'essence du succès en nous inspirant non seulement des travaux d'éminents spécialistes dans le domaine du succès comme Earl

Nightingale, Napoleon Hill, Brian Tracy, Anthony Robbins, Zig Ziglar, Jim Rohn, pour ne citer que ceux-là, mais aussi en analysant la vie d'hommes et de femmes ayant brillamment réussi dans la vie tels que Bill Gates, Richard Branson, James Dyson, Pierre Cardin, Walt Disney, Steven Spielberg, Oprah Winfrey, Ted Turner, Francis Bouygues, James Lee Burke, Mary Higgins Clark, Céline Dion, Marcel Dassault, Thomas Edison, Sylvain Floirat, Henry Ford, Soïchiro Honda, Oumarou Kanazoé, Thomas Watson, Jack Smith, Li Ka Shing, Estee Lauder, Asa G. Candler, Alain Afflelou, Jack Welch, Ray Kroc, Conrad N. Hilton, Andrew Carnegie, Harvey Firestone, Jean-Paul Getty, John L. Rockefeller…

Nous partageons donc avec vous les meilleures idées que nous avons découvertes à travers les lois qui gouvernent tout succès dans la vie. Si vous croyez en ces lois et vivez en harmonie avec elles, elles travailleront en votre faveur. Ce sont des lois immuables et universellement applicables.

Chapitre 1

LA PENSEE:

« Le pouvoir qui caractérise le succès est le pouvoir de votre pensée. »
Napoléon Hill

Vous devenez ce que vous pensez:

La pensée – le mystère de tous les mystères, la puissance de l'esprit humain
– a le secret de tous les succès et de tous les échecs. C'est l'un des sujets les plus importants de l'espèce humaine, mais aussi le sujet le plus difficile à bien cerner. Le pouvoir qu'a la pensée est le plus mystérieux et le plus grand qui soit à la disposition de l'homme. C'est à la fois le plus dangereux et le plus bénéfique en fonction de la manière dont on l'utilise. Chaque création de l'homme, bonne ou mauvaise, est d'abord le fruit d'une pensée.
Vos pensées représentent la première force créatrice de votre vie. Vous vous créez et créez votre monde par la manière dont vous pensez. Toutes les personnes et situations de votre vie ont le sens que vous leur donnez à partir de ce que vous pensez d'elles. En changeant votre manière de penser, vous changez votre vie, souvent en une fraction de seconde.
Selon **La Loi de la Pensée Dominante**, nos pensées dominantes gouvernent notre vie. Cela signifie qu'il y a à l'intérieur de chacun de nous, une force qui nous propulse en direction de nos pensées dominantes courantes. Si nos pensées dominantes sont des pensées positives qui renvoient, par exemple, à la réussite, à la santé, à la prospérité, à la richesse, nous nous donnerons toutes les chances d'attirer ces choses-là. Le mot-clé ici est **DOMINANT**.
Vous ne pouvez pas espérer obtenir des résultats positifs quand vous dépensez dix secondes par jour en pensant positivement et le reste du temps en nouant amitié avec des pensées négatives telles que la peur, la crainte, la pauvreté, l'échec, etc.
Chaque pensée est une vibration, une onde qui en raison d'une mystérieuse loi d'attraction attire à elle des êtres, des objets, des événements, des circonstances de nature similaire. Le négatif attire le négatif tout comme le positif attire le positif.

« Chaque pensée est une semence. Si vous plantez la pensée-semence du succès, si vous l'entretenez et si vous la cultivez, elle se développera, elle se fortifiera et se réalisera. Pour cela, vous devrez stabiliser votre esprit dans l'idée et l'attente du succès, et aligner vos pensées et vos actes sur cet objectif. »
M. Loetscher & M. Alloueteau

Le fait de penser positivement juste pour quelque temps ne produit pas des résultats positifs. C'est comme vouloir perdre du poids en prenant un petit déjeuner avec moins de calories pour ensuite consommer des aliments très riches en calories durant tout le reste de la journée. Il en est de même des exercices physiques. Vous ne pouvez pas vous exercer pour quelques minutes une fois par semaine et espérer obtenir des résultats satisfaisants. Vous devez penser positivement tout au long de chaque journée jusqu'à ce que cela devienne une habitude. Souvenez-vous que seules les pensées dominantes produisent des résultats. Prenez maintenant le temps d'analyser les pensées qui dominent votre vie. Vous servent-elles ? Jouent-elles contre vous ?

La pensée précède l'action. Vous n'atteindrez votre but qu'en croyant en vous-même et en focalisant vos pensées sur le positif.

Le célèbre psychologue américain **William James** disait : « ***Toute idée fortement implantée dans votre cerveau porte en elle une force intrinsèque de réalisation.*** »

Toutes les grandes fortunes ont commencé avec des idées pour l'amélioration de quelque chose d'une certaine manière. Toutes les grandes inventions sont parties d'une pensée, d'une idée. **Thomas Edison**, l'un des plus grands inventeurs du monde, a réalisé la lampe électrique et déposé près de 1200 brevets. Il est à la base d'inventions dont certaines sont considérées comme très décisives pour l'humanité. **Walt Disney**, le grand créateur de l'histoire du dessin animé, a cru en ses idées. Il en est de même de **Soïchiro Honda**, de **Henry Ford**, de **Bill Gates** (un héros des temps modernes, le magnat de l'informatique) et de bien d'autres.

Le succès est un état d'esprit. Si vous voulez le succès, commencez à vous considérer comme un **SUCCES**.

Nous devenons ce que nous pensons. Dans ses recherches sur le sujet, **Earl Nightingale** a découvert que les grands écrivains, philosophes et leaders religieux sont d'accord pour dire que ***nos pensées déterminent nos actions***.

Les gens positifs pensent aux possibilités qui existent. En se concentrant sur les possibilités, ils amènent les choses à se réaliser.
Toute pensée consciente, répétée sur une période de temps devient un programme qui oriente votre destinée dans une direction ou dans une autre.

Contrôlez vos pensées:

Nous passons la majeure partie de notre vie à penser. Nous avons environ 50 000 pensées par jour. La plupart d'elles sont des pensées négatives : " **Je n'y arriverai pas. C'est trop dur. Je ne suis pas assez intelligent. J'ai toujours été pauvre. Je suis trop gros. Rien de ce que je fais ne marche**…"
Si vous n'apprenez pas à contrôler vos pensées, vous aboutirez très souvent à de fausses conclusions. Votre personnalité est influencée par ce que vous pensez et par les conclusions auxquelles vous aboutissez. Contrôlez le flux et la qualité de vos pensées. La qualité de votre vie dépend essentiellement de la qualité de vos pensées, de ce que vous vous représentez intérieurement au quotidien. Vous avez le pouvoir de ne laisser pénétrer dans votre esprit que les pensées que vous voulez voir se réaliser un jour ou l'autre dans votre vie.

« Vous n'avez de contrôle absolu que sur vos pensées. Cet aspect de l'homme reflète sa nature divine. Cette prérogative est votre seul moyen de contrôle sur la destinée. »
Napoléon Hill

Vous ne pouvez pas contrôler totalement votre environnement, le temps ou ce que les gens pensent de vous. La seule chose sur laquelle vous avez un contrôle total – et de loin la plus importante – est votre pensée. Ce n'est pas ce qui vous arrive mais plutôt ce que vous pensez de ce qui vous arrive qui détermine la manière dont vous vous sentez et réagissez. Ce n'est pas le monde extérieur qui vous dicte vos circonstances et vos conditions. C'est le monde à l'intérieur de vous qui crée les conditions de votre vie.
Les pensées d'inquiétude, de peur, de crainte détruisent l'harmonie qui est en nous et ruinent notre efficacité tandis que les pensées de foi, de confiance, de courage produisent en nous paix, harmonie, efficacité, succès.

Prenez soin de votre esprit comme vous prenez soin de votre corps. Le contrôle de vos pensées est un travail qui doit durer toute votre vie. Votre prospérité, votre bonheur, la qualité de vos relations et même votre santé en dépendent.

Programmez votre subconscient:

Vous avez à votre disposition, à n'importe quel moment, une puissance comme celle d'un super ordinateur qui peut vous permettre de résoudre n'importe quel problème, de surmonter n'importe quel obstacle et d'atteindre n'importe quel but que vous vous fixez. Ce pouvoir a été utilisé à travers l'histoire par des gens qui sont partis de la misère à la richesse, de la pauvreté et de l'obscurité au succès et à la célébrité, du malheur et de la frustration à la joie et à l'accomplissement. Il peut agir de la même manière pour vous également.

Plusieurs spécialistes tels que le psychanalyste autrichien **Carl Jung**, le transcendantaliste américain **Ralph Waldo Emerson**, le plus grand chercheur dans le domaine du Succès au cours du vingtième siècle **Napoléon Hill** et bien d'autres ont tous considéré ce pouvoir comme la pierre angulaire du succès. Quel que soit le nom qu'on lui donne : « super conscient », « subconscient universel », « subconscient », « surâme », il renvoie à un seul et même principe.

D'après **Dr. Maxwell Maltz**, notre subconscient est un mécanisme dans le système nerveux. Il est créatif et travaillera automatiquement, de manière impersonnelle pour atteindre des objectifs de succès et de bonheur, ou d'échec et de malheur, selon ce que nous lui fournissons comme pensées, comme but. Donnez-lui des pensées de succès et il fonctionnera comme un **« mécanisme de succès »**. Donnez-lui des pensées négatives, des objectifs négatifs, et il fonctionnera comme un **« mécanisme d'échec »**.

Le subconscient est plus sensible aux images mentales imprégnées de fortes émotions que crée notre imagination. Il travaille avec les informations et données que nous lui fournissons (pensées, croyances, interprétations). Utilisez votre subconscient comme un « mécanisme de succès » plutôt que comme un « mécanisme d'échec ».

Nos pensées les plus fréquentes guident nos comportements et conditionnent notre futur. Le subconscient emmagasine chaque chose que nous voyons, entendons, lisons, ou dont nous faisons l'expérience. En disciplinant notre esprit, nous créons de nouvelles pensées qui vont reprogrammer notre subconscient.

Permettez à votre subconscient de travailler pour vous. **Pensez positivement**. Il vous donnera très souvent des idées à des moments où vous vous y attendez le moins.

Chapitre 2

LE REVE:

« Il n'y a rien de mieux qu'un rêve pour créer l'avenir. »
Victor Hugo

Le rêve est permis:

Le rêve est une projection du genre de vie auquel nous aspirons ou de quelque chose que nous voulons obtenir. Les rêves ont le pouvoir de nous conduire vers ce que nous désirons réellement. Ils déclenchent en nous une force insoupçonnée. S'ils sont assez forts, ils peuvent nous permettre de surmonter même les obstacles les plus tenaces.
Pour que vos rêves puissent se réaliser, ils doivent être à la fois réalistes et grands. De petits rêves ne mènent nulle part. Les grands rêves ont l'avantage de vous mener à des sommets. Et si vous n'atteignez pas le sommet, ils vous auront au moins permis de vous en approcher. A la base des grands rêves qui se réalisent, il y a une volonté ferme.

« J'ai fait de mon rêve une réalité. »
Steven Spielberg

Pendant que beaucoup de gens se battent juste pour survivre, la vie semble sourire à quelques personnes qui ont su transformer leur rêve en leur équivalent physique. Ils ont pour eux la fortune, le succès social et professionnel.

D'où viennent les rêves ?

Nos rêves nous viennent généralement de notre enfance. Nous les avons souvent portés en nous pendant de longues années sans qu'ils ne trouvent l'occasion de s'exprimer. D'autres fois, ils ont très vite fait d'être tournés au ridicule par nos parents ou la société dans laquelle nous vivons. Pour éviter d'être une sorte de risée de la part de notre entourage, nous les avons refoulés au plus profond de nous-même, où ils ont fini par s'éteindre.
Vous n'avez pas besoin de l'approbation de la société pour réaliser vos rêves s'ils sont légitimes. Ils vous appartiennent.
Souvenez-vous de ceci : La finalité d'un rêve est de satisfaire un besoin enfoui en vous, un besoin que vous avez accepté de brimer pour être en conformité avec le regard des autres. Le rêve n'est qu'un moyen.

Ce dont vous avez besoin pour réaliser vos rêves se trouve en vous-même attendant le jour où vous allez décider de vous lever pour réclamer ce qui vous revient. Ne prenez pas à la légère vos rêves et vos espoirs. Chérissez-les, entretenez-les. Beaucoup d'êtres humains renoncent trop vite à leurs rêves et à tout ce que leur dicte leur cœur.

Rêvez d'un lendemain meilleur:

Vous avez le droit d'avoir de grands rêves. Les grands rêves augmentent votre confiance en vous-même. Ils intensifient votre joie personnelle et le respect de votre propre personne. Ils ont le secret de vous stimuler à donner le meilleur de vous-même et à vous améliorer sans cesse.

Essayez juste une fois de vous écouter. Quels sont vos rêves et vos ambitions ? Qu'est-ce qui vous motive ? Comment voyez-vous votre vie actuellement ? Comment voudriez-vous qu'elle soit dans le futur ?

« Chaque homme riche a commencé par rêver à sa richesse. Chaque artiste a commencé par rêver à son œuvre. Chaque homme politique, à son projet de société. Mais le rêve de ces hommes ne s'est pas arrêté là. Ces hommes ont pris les moyens concrets de les réaliser. »

C.- A. Poissant & C. Godefroy

Dans les chapitres qui vont suivre, vous verrez comment définir les moyens nécessaires à la réalisation de vos rêves.

Une fois de plus, les rêves proviennent de besoins. C'est votre besoin de reconnaissance, de statut, de sécurité, d'amour, de nourriture, etc. Quand vous pensez donc à vos rêves, ayez cela toujours en esprit. C'est l'abondance divine qui s'exprime en vous. Rêvez à un lendemain meilleur. Soyez rationnel. Vous avez en votre possession une stratégie logique pour atteindre vos rêves.

Chapitre 3

LE DESIR:

« C'est le désir qui transforme les rêves en réalité. »
Napoléon Hill

Le désir met en marche toute l'énergie et les ressources de l'homme en vue de la réalisation de son but. Un désir brûlant est le point de départ de celui qui a des rêves qu'il veut voir se réaliser.

Mais si le rêve n'est pas soutenu par un désir assez fort pour vous mener à l'action, il n'est que rêverie.

Clarifiez vos désirs:

Il est important de définir clairement vos désirs. Désirez réellement ce que vous voulez et rien d'autre. Le réel désir vient de l'intérieur, même s'il est souvent soutenu par des forces extérieures : entourage, conditions sociales, professionnelles, etc. Une chanson que vous écoutez qui vous touche profondément peut faire naître un désir en vous tout comme un film au cinéma, une conversation avec un ami, un conflit familial, un livre. Le désir peut naître de tous et partout. Quand vous l'avez, vous raisonnez de cette manière : « **Je veux ceci** », « **Il me faut cela** » … A ce moment-là, vous devez bien le définir. Il a dépassé le stade de rêve.

« Ne désirez jamais ce que vous n'attendez pas et n'attendez jamais ce que vous ne désirez pas. »
Raymond Holliwell

Le désir qui vous pousse à chercher beaucoup plus d'argent, par exemple, pourrait simplement signifier que vous voulez la sécurité financière. Vous êtes à la recherche d'un certain sentiment d'accomplissement. Vous devez alors vous poser la question suivante : « **Qu'est-ce que je peux faire pour rendre le service ou fournir le produit qui me procurera le revenu et le bien-être dont j'ai besoin pour vivre le style de vie que je désire ?** »

En fait, le désir signifie que quelque chose en vous cherche à s'exprimer. On pourrait dire que c'est le langage de votre identité spirituelle qui frappe à la porte de votre conscience afin d'entrer dans votre réalité physique. Donnez une forme consciente à votre désir à travers une image mentale claire. Vous avez besoin de penser de manière constructive et créative pour pouvoir identifier proprement votre désir et voir comment il intègre votre système de valeurs.

Ayez une nette compréhension de votre vie et de vos valeurs. Vous pourrez ainsi faire des choix judicieux pour bien orienter votre vie et lui donner la direction que vous voulez.

Rendez vos désirs assez forts:

Voyez en images ce que vous désirez être ou ce que vous désirez avoir.

Croyez que cela est possible. Soyez enthousiaste lorsque vous l'évoquez dans votre esprit.

Rendez-le ferme en vous concentrant plusieurs fois par jour sur vos objectifs.

« Des années d'expérience m'ont appris qu'un homme qui désire une chose à un point tel qu'il est capable pour l'obtenir de jouer tout son avenir sur un simple coup de dé est sûr de gagner. »

Thomas Edison

Le plus grand obstacle pour développer un désir est d'avoir la conviction que ça ne marchera pas, que vous ne pourrez pas le satisfaire. Alors beaucoup de gens se découragent et baissent les bras. Si vous n'avez pas le désir brûlant d'améliorer votre vie, vous allez tricher en faisant de fausses excuses, vous choisirez un niveau de vie inférieur comparé à ce que vous êtes capable de faire ou d'être. Il s'agit d'être sincère avec vous-même, d'avoir foi en ce que vous pensez réellement être en mesure d'accomplir.

Chapitre 4

LE BUT:

« Des enquêtes sérieuses ont démontré que 2% seulement des gens ont un but précis, détaillé et réellement défini. Et ce sont ceux-là qui justement réussissent. »
Jean-Guy Leboeuf

Pourquoi ce principe qui est l'un des principes les plus importants pour réussir dans la vie n'est-il pas enseigné à l'école ? Pourquoi l'art de se fixer des buts a-t-il été ignoré comme une technique qui doit être apprise et développée ? Toutes les personnes qui réussissent dans n'importe quel secteur d'activité ont appris à se fixer des buts.

Fixez-vous un but:

Le but est un objectif qu'on se fixe. C'est plus qu'un rêve ; c'est un rêve sur lequel on agit. Un but bien défini marche comme un aimant. Il vous attire dans sa direction. Sans but, on n'évolue pas. Le but est essentiel au succès comme l'air l'est à la vie. Personne n'a réussi à avoir du succès sans s'être préalablement fixé un but.

« La chose la plus importante n'est pas où vous étiez ou où vous êtes mais où vous voulez aller. »
Dave Mahoney

Sans but, les gens errent dans la vie. Ils avancent en trébuchant, sans jamais savoir où ils vont. De ce fait, ils n'arrivent nulle part.

« Les buts déterminent ce que vous allez être. »
Julius Erving

Déterminez vos intérêts les plus dominants et vos priorités. Ils vous permettront de développer votre but principal. Ce n'est pas une bonne idée de dire aux gens ce que vous comptez faire de votre vie. On ne sait pas pourquoi, mais l'expérience a prouvé que quand beaucoup de gens savent ce que vous comptez faire, votre progrès vers le but fixé est considérablement réduit. Garde-le donc pour vous-même pour un moment. Il vous donnera toute l'énergie nécessaire à son accomplissement. Plus vous travaillez, plus votre énergie s'accroît et se multiplie.

Vous pouvez avoir plusieurs buts, mais ils ne doivent pas entrer en conflit avec votre but majeur, ils doivent plutôt le soutenir. Quand vous avez un but majeur, vous saurez reconnaître les buts secondaires qui vous aident à l'atteindre. Rassurez vous que vos buts ne sont pas incompatibles avec vos valeurs, sinon ils vous créeront des conflits intérieurs. Sachez aussi si le prix à payer pour atteindre le but en vaut la peine.

Associez dans votre esprit ce que vous faites tous les jours à ce but majeur. Cherchez à vous en rapprocher toujours davantage. Soyez flexible pour le revoir et le redéfinir si cela s'impose.

« Il n'y a pas d'accomplissement sans buts. »
Robert J. McKain

Le but est une force d'auto-motivation. Il vous pousse à agir, à aller de l'avant. Il focalise votre attention sur l'objectif visé.

« Les gens qui ont des buts réussissent parce qu'ils savent où ils vont. »
Earl Nightingale

On ne peut parler de succès que lorsqu'un but que nous nous sommes fixés est atteint. Le résultat est fonction de la qualité du but et de la manière dont on s'investit dans sa réalisation. Dès l'instant où vous vous abandonnez à votre but, il travaille dans votre subconscient. Les réponses, méthodes et solutions dont vous avez besoin pour surmonter les obstacles sur votre chemin vous seront révélées.

Le bonheur n'est pas une destination, mais une direction. Et il semble que le meilleur moyen d'être heureux, d'aimer la vie est de se fixer un but après un autre en travaillant pour les atteindre. Vos buts vous permettent d'aller au-delà de vos limites. Ils libèrent votre potentiel inexploité. Ils servent de stimulants à la vie.

« Se fixer des buts est le premier pas pour transformer l'invisible en visible – la fondation de tout succès dans la vie. »
Anthony Robbins

Ce que vous voulez est une source de motivation assez puissante seulement s'il est soutenu par une bonne raison. Certains buts que vous considériez avant comme importants ne le paraissent plus simplement parce que vous ne trouvez pas une raison assez suffisante pour continuer à les désirer.

Le succès n'est pas un accident. C'est le résultat de décisions délibérées, d'efforts conscients, de persévérance, etc. Lorsque vous focalisez votre attention sur des buts tangibles et significatifs, vous donnez de l'élan à votre vie ! Vous devenez le Metteur en scène, le Directeur et le Producteur de votre vie. Dans ce 21ème siècle, il vous faut avoir une claire vision de votre futur. Comment voulez-vous vivre ? Quel genre de personne voulez-vous devenir ? L'esprit est comme un système de missile guidé.

Quand un but est fixé avec conviction, l'esprit fait les corrections nécessaires pour atteindre sa cible.

En vous fixant des buts, vous vous efforcerez à devenir la personne qu'il faut pour réaliser ces buts. Vous gagnerez en compétences, connaissances, discipline, expériences.

Vous ne serez plus la même personne. Vos objectifs affecteront presque tout ce que vous faites, ils seront avec vous partout où vous partez. Votre manière de saluer, de vous habiller, le ton de votre voix, la manière de vous sentir, tout change.

Écrivez vos buts sur papier:

Ce que vous écrivez, ce en quoi vous croyez et ce que votre esprit accepte détermine ce que vous réalisez. L'engagement que vous prenez en écrivant vos buts sur papier et en précisant comment les atteindre est une technique qui produit des résultats positifs.

« Un but est créé en trois temps. Premièrement, comme une image mentale. Deuxièmement, il est écrit pour donner de la clarté et de la dimension. Et Troisièmement, quand vous agissez en vue de son accomplissement. »
Gary Ryan Blair

Les buts non écrits ne sont que des souhaits. Le fait de penser que vous pouvez les garder en tête n'est rien d'autre qu'une excuse pour ne pas les écrire. C'est une méthode simple qui consiste à écrire exactement ce que vous désirez atteindre ou obtenir, à le lire à haute voix pour vous-même assez régulièrement en visualisant votre but comme déjà atteint jusqu'à ce que votre subconscient en soit bien imprégné. Ce n'est pas une nouvelle technique. De milliers de gens qui réussissent, l'utilisent sous une forme ou sous une autre. Ils ont découvert l'immense pouvoir qui s'offre à **ceux qui savent où ils vont** et **savent ce qu'ils veulent**. Les buts écrits deviennent plus concrets, on s'en souvient plus facilement et on devient plus attentif à tout ce qui est nécessaire pour les atteindre. Une fois écrits, révisez-les assez souvent, chaque jour, matin et soir si possible.

Votre but doit être réaliste, précis et détaillé:

1- Fixez-vous des buts réalistes qui puissent vous motiver et non vous décourager avant même de commencer.

2- Ne choisissez pas des buts assez compliqués pour vous.

3- Commencez avec de simples buts et sachez que vous pourrez toujours les développer ou les changer au fil du temps.

4- Organisez vos buts par ordre d'importance.

5- Concentrez tous vos efforts sur un but unique et précis jusqu'à ce qu'il se réalise, avant de passer à un autre.

6- Fixez-vous des buts à **1 an**, à **2 ans**, à **5 ans**, à **10 ans** ... Soyez précis. Si vous voulez arriver à épargner, par exemple, une certaine somme d'argent, fixez le montant exact et mentionnez un délai. Vous voulez changer de profession ?

Quelles sont vos compétences, vos qualités ? Quelles nouvelles compétences devez-vous acquérir pour avoir accès à cette profession ? Quels sont les moyens à mettre en œuvre ? etc.

La qualité de vos buts se voit à travers la précision et la minutie avec lesquelles vous élaborez votre **plan**.

Chapitre 5

LE PLAN:

« Toute élaboration de but doit être immédiatement suivie à la fois du développement d'un plan et d'une importante et consistante action vers son accomplissement. »
Anthony Robbins

Aimer son futur, c'est avoir un plan qui vous permet de mieux le préparer. Un bon plan est le meilleur moyen d'atteindre le futur que vous désirez.

Qu'est-ce qu'un plan ?

Un plan n'est en fait qu'une stratégie que l'on met en place en vue d'atteindre un but fixé.

« Un plan est un projet élaboré comportant une suite ordonnée d'opérations destinées à atteindre un but. Dans les affaires, le but d'un plan doit être de gagner de l'argent. »
Marco

Mettez votre plan sur papier, car il va vous permettre de savoir jusqu'à quel point vous êtes fidèle à sa réalisation. Relisez-le assez souvent pour que votre subconscient s'en imprègne. Lorsqu'un échec survient, revoyez votre plan pour d'éventuelles modifications. Si le premier plan échoue, établissez un second ; si celui-ci échoue également, établissez un troisième et ainsi de suite jusqu'à ce que vous trouviez celui qui convient. Ne vous découragez jamais.

« Certes, la manière exacte dont votre plan va se réaliser vous échappe en partie. Mais la précision de ce plan au moment où vous le tracez selon vos connaissances du moment est essentielle à sa mise en route. Vous ne partez pas à l'aveuglette. Du même coup, et quelles que soient les adaptations que vous aurez à faire de votre plan, vous maintiendrez en votre esprit l'unité, la fixité de votre but. Et c'est pourquoi vous l'atteindrez en fin de compte. »
Jean-Guy Leboeuf

Comment élaborer votre plan ?

Pour atteindre le succès dans tous les domaines de la vie, il est important d'élaborer un plan. C'est très stimulant et très motivant. Si vous voulez une vie prospère, établissez un plan de prospérité. Pour devenir riche, vous devez vous établir un plan qui conduit à la richesse. Si vous êtes malade, établissez un plan de santé. Êtes-vous insuffisamment instruit ? Établissez un plan d'éducation.

Vous voulez réussir dans les études ? Établissez un plan de réussite scolaire. Il y a plusieurs types de plans que vous pouvez mettre au point.

Prenons un des buts les plus communs : Vous voulez gagner beaucoup d'argent.

Voici comment vous pouvez procéder.

1- Déterminez exactement combien vous voulez. Ensuite, doublez ce montant et faites-en votre but. Même si vous n'atteignez pas ce montant élevé, vous gagnerez certainement plus que le montant initial.

2- Décidez de l'énergie que vous êtes prêt à dépenser pour atteindre ce but.

Combien d'heures êtes-vous prêt à travailler par jour ? Quel genre d'emploi devez-vous exercer ou combien d'emplois devez-vous exercer pour atteindre votre objectif ?

3- Commencez immédiatement là où vous êtes, dès aujourd'hui. Postulez pour le ou les boulots qu'il vous faut. Inscrivez-vous pour une formation si nécessaire. Demandez l'augmentation de salaire que vous croyez être en droit de réclamer.

4- Vérifiez que vous avez écrit tout ceci sur papier de sorte que vous puissiez le revoir tous les jours, matin et soir. Voyez-vous en train de franchir les étapes et de réussir.

Si un tel but vous intéresse, vous pouvez peaufiner ce plan et l'adapter à votre cas.

Agissez chaque jour sur les choses les plus importantes qui sont susceptibles d'améliorer votre vie personnelle et professionnelle. Procédez par priorités, les buts essentiels avant les buts secondaires. Sur un papier format A4, vous pouvez faire une liste de quinze choses que vous voulez réaliser dans votre vie ; cinq à court terme, cinq à moyen terme et cinq à long terme.

Revoyez votre liste régulièrement, barrez les buts atteints et continuez à travailler afin de réaliser les autres ou décidez d'annuler un but qui n'est plus important pour vous. Détaillez chacun de vos buts et pensez aux moyens à mettre en œuvre pour les atteindre. Tenez compte de vos compétences, de vos connaissances, des premiers pas à franchir et des personnes qui pourraient vous aider. A chaque but, sa stratégie.

Déterminez un délai pour chaque but en écrivant un nombre à côté de chacun d'eux (6, 3, 1…) pour indiquer le nombre de mois ou d'années que cela prendra pour exécuter votre plan et atteindre votre objectif.

Plus vous travaillez sur vos buts, plus des opportunités se présenteront à vous. A l'intérieur de chaque opportunité se trouvent des solutions à des problèmes que vous rencontrez.

Planifiez vos buts en fonction de leur nature : **buts personnels** (famille, finances, vie spirituelle, santé, mariage, maison, vie sociale, etc.) et **buts professionnels** (profession actuelle, augmentation de salaire, promotion, s'installer à son propre compte, etc.).

Chapitre 6

L'ACTION:

« Agissez en homme de pensée et pensez en homme d'action. »
Henri Bergson

Vous avez défini vos buts et élaboré votre plan. Demandez-vous maintenant le premier pas que vous pouvez faire, aujourd'hui, à l'instant, pour évoluer vers votre rêve. Vous n'obtiendrez jamais de résultats sans actions. L'action entraîne la réaction. Et une action positive est plus susceptible d'entraîner une réaction positive.

Dites-vous ceci : Pour progresser, on doit impérativement commencer quelque part ! Quel que soit le projet, entreprenez quelque chose **AUJOURD'HUI.** Le meilleur moyen d'être prêt pour quelque chose, c'est de le commencer.

« La moindre bonne action vaut mieux que les meilleures intentions. »
John L. Mason

Une fois que vous entreprenez une action, vous sentirez que vos buts commencent à se rapprocher de vous. Pensez à vos buts assez souvent et vérifiez votre stratégie. Ne cherchez pas à tout faire d'un seul coup mais plutôt de petits progrès chaque jour, chaque semaine, chaque mois.

D'après **La Loi de la Probabilité**, plus de choses vous essayez, plus de chance vous aurez de tomber sur la seule chose qui fera la différence. Si vous voulez avoir plus de chance, soyez plus actif. En restant en mouvement vers quelque chose qui est important pour vous, il est plus facile de faire des progrès que si vous restiez quelque part sur la route à attendre. Les gens qui réussissent ne sont pas nécessairement ceux qui prennent les bonnes décisions tout le temps.

Quel que soit son intelligence, aucune personne ne peut faire cela. Ceux qui réussissent ont simplement la force de prendre leur décision et d'avancer pas à pas vers leurs objectifs. A chaque moment, des feedbacks et des signaux leur permettent de savoir où ils sont afin de faire des corrections de plan si nécessaire.

Il n'y a pas de totale garantie dans la vie. Chaque chose que vous faites, même le simple fait de traverser une rue, est pleine d'incertitude. Il y a toujours un risque. Et là où il y a un risque, il y a la peur. Les gens qui pensent continuellement en termes de risques en toute chose finissent par devenir préoccupés par leurs peurs, leurs doutes et leurs angoisses, ce qui les maintient dans l'inertie et les empêche d'agir.

Le célèbre motivateur **Brian Tracy** rapporte qu'à Babson College aux États-Unis, en douze années d'étude, des chercheurs ont conclu que virtuellement tout succès est basé sur ce qu'ils appellent le « **principe du corridor** ». Selon ce principe, chacun de nous est à l'entrée d'un corridor, regardant dans le noir, et voyant le corridor disparaître dans le lointain. Selon ces chercheurs, la différence entre les réussites et les échecs pourrait être résumée dans le seul verbe **SE LANCER** ! Les gens qui réussissent sont prêts à se lancer à travers le corridor sans garantie de ce qui pourrait se passer. Ils sont prêts à risquer dans l'incertitude et à surmonter les peurs et doutes qui clouent la majorité de personnes sur place. Ces chercheurs de Babson College rattachent donc le succès au fait d'accepter de passer à travers le corridor dans la vie. En le faisant, de nouvelles portes d'opportunités s'ouvrent devant nous. Ces portes ne s'ouvriront pas à nous si nous attendons d'avoir l'assurance avant de passer à l'action.

Développez l'habitude de l'action:

Le monde semble appartenir à ceux qui se lèvent et le prennent par les deux mains. Il appartient à ceux qui font quelque chose plutôt que de souhaiter et d'espérer faire quelque chose *un jour*, quand les choses iront mieux.

1- Soyez actif, soyez de ceux qui font toujours quelque chose. **Penser, rêver, désirer, définir des buts et élaborer des plans sont nécessaires mais ne suffisent pas. Pour compléter l'équation, il faut agir**. Pensez calmement et attentivement mais agissez rapidement.

Disciplinez-vous pour entreprendre l'action nécessaire une fois que votre décision est prise.

2- N'attendez pas que les conditions soient parfaites, elles ne le seront jamais.

Vous rencontrerez toujours des obstacles et des difficultés. Le plus important est de vous préparer à les affronter. Si vous faites une erreur, rectifiez rapidement le tir. **Si vous essayez de réussir en travaillant et en peaufinant vos plans, vous trouverez le meilleur moyen au meilleur moment.**

3- Dites-vous que les idées à elles seules n'entraînent pas le succès. **Les idées n'ont de la valeur que si vous agissez sur elles.** Une idée sans action est sans valeur. Vous pouvez avoir les meilleures idées au monde ou être la personne la plus talentueuse de la planète, mais si vous n'agissez pas vous n'arriverez à rien.

4- Le doute et l'action sont incompatibles. Utilisez l'action pour surmonter votre peur et renforcer votre confiance en vous-même.

5- Pensez en termes de **MAINTENANT**. « Demain », « la semaine prochaine », « plus tard » sont synonymes de « jamais », d'échecs.

Chapitre 7

LA PERSEVERANCE :

« Persévérez. Rien au monde ne peut remplacer la persévérance. Le talent ne le fera pas ; rien n'est plus commun que des ratés ayant du talent. Le génie ne le fera pas ; le génie sans récompense est presque un proverbe. L'éducation ne le fera pas ; le monde est rempli d'épaves éduquées. Persévérance et détermination seules sont omnipotentes. »

Ray Kroc

La vie est un test, et pour réussir, vous devez passer le test de la persévérance. Il ne sert à rien de vous motiver et d'entreprendre une action si vous cédez au moindre découragement. Le courage de persévérer face à l'adversité et au découragement est la qualité qui garantira votre succès.

« Persévérer, c'est recommencer souvent. »

Jean-Guy Leboeuf

Beaucoup de personnes échouent dans leurs aspirations simplement parce qu'ils manquent de capacité à persévérer. Persévérer signifie croire en vous-même et en vos talents, en sachant que vous avez en vous les ressources nécessaires pour continuer le combat contre l'adversité. Cela demande que vous croyiez en l'intégrité de votre but et en la validité de vos rêves, que vous surmontiez vos peurs en agissant.

Les gens qui ont cultivé l'habitude de la persévérance semblent avoir plus d'assurance et se remettent vite d'un échec. Sans persévérance, vous serez défait avant même de commencer. Avec la persévérance, vous gagnerez.

Si vous manquez de persévérance, c'est que vous n'avez pas de désirs ardents.

Augmentez l'intensité de vos désirs. La base de la persévérance est la puissance de votre volonté. C'est un facteur essentiel dans le processus de transformation de votre désir en son équivalent physique.

« Si quelqu'un me demandait de choisir un mot pour décrire tout ce que j'ai eu comme succès dans ma vie, je n'hésiterais pas – Persévérance. »

Mac Anderson

La persévérance est alimentée par la passion et la conviction que ce que vous êtes en train de faire est juste.

Programmez votre subconscient à l'avance afin qu'il soit capable de surmonter les obstacles que vous rencontrerez sur la route vers votre succès.

Prenez l'engagement de ne pas renoncer pour un rien. Le découragement est l'ennemi du succès. Les crises sont inévitables. Vous en rencontrerez chaque deux ou trois mois. Plus votre but est grand, nombreux seront les problèmes et les crises auxquels vous aurez à faire face. Mais ne paniquez pas, soyez confiant et gardez la tête froide. Chaque fois que vous agissez de manière positive et constructive face à un problème, vous devenez plus fort et mieux préparé pour faire face au prochain. Rien ne pourra plus vous arrêter.

Parmi les gens qui ont réussi à faire fortune, nombreux sont ceux qui l'ont fait par nécessité. Ils étaient obligés de développer en eux l'habitude de la persévérance pour pouvoir s'en sortir.

En développant l'habitude de la persévérance, vous aurez plus confiance en vous-même, et quel que soit le nombre de fois que vous échouez, vous réussirez à atteindre votre objectif. Le plus important est de ne pas perdre de vue les leçons que vous tirez de vos échecs.

Il semble souvent qu'un guide caché dont le devoir est de nous tester nous fait subir toutes sortes d'expériences douloureuses afin de s'apercevoir de notre degré d'engagement, d'attachement à notre but. Seuls ceux qui persévèrent atteignent leur but.

Vous avez sûrement entendu parler de **Thomas Edison**, l'un des plus grands inventeurs du monde. Il est le prototype des gens qui croient en leur but et persévèrent jusqu'à ce qu'il soit atteint. Il rêva d'une lampe électrique et la réalisa ***après plus de 10 000 échecs***. Avec la force de sa persévérance, cet autodidacte (il n'a été que trois mois à l'école), réussit à mettre au point le phonographe, des machines pour le cinéma, sans parler d'une cinquantaine d'autres inventions. A un assistant qui lui suggérait d'abandonner une expérience après un 700e échec, il répondit : « ***Mais non, continuons, nous connaissons maintenant 700 façons de ne pas faire cette expérience.*** »

Chapitre 8

L'ATTITUDE:

« Les gens à succès arrivent dans tous les âges, toutes les formes, toutes les tailles et toutes les couleurs. Mais ils ont une chose en commun : une attitude gagnante. »
Earl Nightingale

La manière dont nous nous sentons et pensons face à ce que nous savons détermine notre attitude. Notre attitude est la manière dont nous voyons notre vie, nos expériences, notre environnement, nos opportunités, nos problèmes, nos choix et nos réponses. C'est notre nature émotionnelle qui gouverne la plupart du temps notre conduite. La manière dont nous nous sentons face aux événements est un puissant moyen qui nous bloque ou nous pousse à prendre une action immédiate.

Les sentiments que nous gardons en nous sur les gens, sur notre travail, sur nos finances, sur notre avenir, sur le monde forment notre attitude. Avec une bonne attitude, l'être humain peut déplacer des montagnes. Mais avec une mauvaise attitude, l'homme le plus talentueux au monde peut être balayé par un grain de sable.

« Une personne heureuse n'est pas une personne dans une certaine série de circonstances, mais plutôt une personne avec une certaine série d'attitudes. »
Hugh Downs

Avoir une meilleure attitude est un élément essentiel pour atteindre le succès et le bonheur. C'est pourquoi nous devons constamment examiner les sentiments que nous entretenons à l'intérieur de nous-même.

Faites donc attention à chaque chose ou chaque personne qui peut avoir une influence sur votre attitude. Aucune personne sur la terre ne peut dominer notre attitude. Mais sachez que notre entourage peut affecter notre attitude volontairement ou involontairement à travers des pensées négatives.

En effet, personne ne peut nous mettre en colère si nous ne perdons pas le contrôle sur notre attitude.

« Votre réussite dans la vie commence et finit avec votre attitude. »
Jeff Keller

Ayez une attitude saine face à votre passé, votre présent et votre futur. Une partie de ce qui va nous arriver dans le futur est contenue dans nos erreurs et nos succès du **passé**.

Pour changer notre attitude présente, nous devons développer une nouvelle philosophie au sujet de notre passé.

En ce qui concerne le **présent**, il est le moment où commence notre futur. Le présent nous donne la chance d'utiliser sagement les expériences du passé. C'est l'opportunité pour nous de créer un meilleur avenir. Nos objectifs et ambitions du passé nous ont conduit aux récompenses d'aujourd'hui. Si nos récompenses actuelles sont insignifiantes, c'est que nos efforts passés ont été insignifiants. Et si nos efforts d'aujourd'hui sont insignifiants, nos récompenses de demain seront également insignifiantes. Vous avez ici et maintenant l'occasion d'entamer un processus de changement. Cela peut être un changement de mentalité, une nouvelle attitude vous permettant de savoir qui vous êtes, qu'est-ce que vous voulez et qu'est-ce que vous allez faire. Mais aujourd'hui peut aussi être pour vous exactement comme hier, comme avant-hier... *C'est une question d'attitude* et cela dépend de vous.

Quant au **futur**, la manière dont on l'envisage est très importante. Notre attitude à son sujet dépend de notre aptitude à le visionner. Nous avons tous la faculté de rêver, de donner forme à notre futur à travers la puissance de notre imagination. Tout ce que l'esprit a la capacité d'imaginer, il peut le créer.

En ayant une attitude saine face au passé, des sentiments constructifs à notre sujet et concernant les opportunités présentes, nous nous guidons inconsciemment vers l'accomplissement de nos rêves. De même, si nous sommes remplis des regrets du passé et de nos inquiétudes présentes, inconsciemment, nous nous orienterons vers un futur qui ressemblera à notre passé.

Votre futur sera le reflet de votre philosophie actuelle et de votre attitude face à la vie.

Une bonne combinaison de ces deux éléments vous donnera une force intérieure qui vous propulsera vers le succès et aura des répercussions sur tous les autres aspects de votre existence.

Chapitre 9

L'ENTHOUSIASME:

« Rien de grand n'a jamais été accompli sur cette terre sans enthousiasme. »
R. W. Emerson

Les hommes et les femmes qui accomplissent le plus de choses dans la vie sont inspirés par leur enthousiasme. Grâce à cette qualité, ils arrivent à surmonter plus facilement les obstacles qu'ils rencontrent, à trouver des solutions à leurs problèmes et à voir des opportunités là où les autres ne voient que des difficultés.

« L'enthousiasme est la qualité d'une personne totalement éveillée, qui aime vraiment la vie et en savoure chaque journée. »
Jean-Guy Leboeuf

L'enthousiasme a pour connotation la passion, la joie. Il vous permet d'être optimiste, vous donne le sens de l'anticipation et même l'humour. Quelqu'un qui est enthousiaste a une passion pour quelque chose. Et c'est cette passion qui lui donne l'esprit positif dont il a besoin pour atteindre le succès.

« L'enthousiasme est l'intérêt passionné que quelqu'un porte à la vie, au travail qu'il fait, aux événements, à tout ce qui l'entoure, répandant ainsi la gaîté, la bonne humeur, malgré les pires difficultés. »
Jean-Guy Leboeuf

Henry Ford, Thomas Edison, Walt Disney, Bill Gates, pour ne citer que ceux-là, ont tous eu besoin d'entretenir en eux l'enthousiasme pour réaliser leur rêve.

« L'enthousiasme est à la base de tout progrès. »
Henry Ford

Les gens qui réussissent trouvent généralement ce qu'ils cherchent parce qu'au fond d'eux-mêmes, ils s'y attendent. Pour eux, il n'y a l'ombre d'aucun doute. C'est ce qui les pousse à aller toujours de l'avant, à persévérer.

Protégez votre enthousiasme contre les mauvaises influences comme le doute, les pensées négatives, la dépression, l'angoisse ainsi que contre les personnes négatives.

Faites attention aux livres que vous lisez, à vos programmes de télévision, aux différentes musiques que vous écoutez.

Dans nos sociétés d'aujourd'hui, les médias et notamment les programmes de télévision, ont une grande influence sur notre enthousiasme. De mauvaises nouvelles les jalonnent : suicides, meurtres, guerres, etc. Il faut donc que nous arrivions à ne pas trop laisser notre subconscient s'en imprégner.

Faites régulièrement de l'autosuggestion, surtout très tôt le matin et la nuit avant de vous endormir afin de positionner dans votre esprit des images positives, des images de ce que vous voulez réaliser dans la vie.

Pour être toujours enthousiaste, gardez en permanence dans votre esprit le but que vous cherchez à atteindre, jour après jour. Plus votre but est noble et justifié, plus la flamme de l'enthousiasme brûlera en vous.

Chapitre 10

LA FOI:

« La foi fortifie l'imagination ; la foi termine la volonté. Celui qui croit en la nature obtient de la nature suivant l'étendue de sa foi. »
Paracelse

La foi est un état d'esprit qui vous donne l'assurance dont vous avez besoin pour toujours aller de l'avant. Avoir la foi en soi, c'est croire en soi-même et en ses capacités, c'est agir malgré la peur qu'on peut ressentir pour quelque chose.

« La foi est la confiance en ce que vous croyez et la conviction de ce que vous ne voyez pas. »
John Kanary

La foi peut être entretenue par l'affirmation répétée d'instructions au subconscient à travers l'autosuggestion. C'est la seule méthode volontaire de développement de cette émotion.
Si vous voulez connaître la puissance de la foi, étudiez ce qu'ont réalisé les hommes et les femmes qui l'ont déjà utilisé.

« Il y a une différence entre vouloir une chose et être prêt à la recevoir. On ne peut être prêt pour quelque chose si on ne croit pas fermement pouvoir l'acquérir : l'esprit ou la volonté ne suffisent pas, il faut encore la foi. »
Napoleon Hill

Mahatma Gandhi n'avait rien, ni argent, ni maison. Mais il avait un pouvoir acquis par sa connaissance du **principe de la FOI**. Il réussit à transmettre sa foi à des centaines de millions de personnes en Inde pour accomplir ce que même une grande armée ne pourrait faire sur cette terre : des gens unis et marchant comme un seul esprit.

« Le succès est rarement offert sur un plateau d'argent : les obstacles à surmonter, les difficultés inévitables, les efforts soutenus, nécessitent une bonne dose de foi pour vous conduire au succès. »
Poissant & Godefroy

Chapitre 11

LA DISCIPLINE:

« Chaque instant est l'occasion unique de vous adonner à la discipline du succès. »
Loetscher & Alloueteau

Pour atteindre notre but, il nous faut fournir un effort consistant et une discipline soutenue. Pour bien gérer notre temps, il nous faut de la discipline. Il nous faut de la discipline quand notre voix intérieure nous parle de conséquences et de possible échec. Nous avons besoin de discipline pour admettre nos erreurs et reconnaître nos limites. Il nous faut de la discipline pour être totalement honnête envers nous-même et envers les autres. Nous avons besoin de discipline pour faire un plan et de discipline pour l'exécuter. Les récompenses d'une bonne discipline sont énormes et se trouvent dans le futur.

Ne choisissez pas la facilité !

Il n'est pas facile d'acquérir une vraie discipline. Il est, en effet, plus facile de rester au lit jusqu'à dix heures que de se réveiller à sept heures. Il est plus facile de ne pas lire. Il est plus facile d'allumer la télévision que de l'éteindre. Attendre est toujours plus facile qu'agir et essayer plus facile que faire.
Ne cédez pas à la facilité. Payez le prix de la discipline aujourd'hui et récoltez les récompenses demain.

La discipline doit être une activité en plein temps:

Une bonne discipline est une discipline consistante. La discipline dont vous avez besoin pour faire votre lit chaque jour, par exemple, est la même discipline nécessaire pour réussir dans le monde des affaires.
Si vous acceptez d'être discipliné dans un domaine de la vie et d'être indiscipliné dans un autre, le risque est que le domaine dans lequel vous n'êtes pas discipliné aura tendance à créer des habitudes qui détruiront votre discipline dans les autres domaines.

« La discipline est notre esprit entraîné pour contrôler notre vie. »
Jim Rohn

La discipline est un ensemble de principes que nous sélectionnons pour constituer notre code personnel de conduite. Une fois que ces principes sont retenus, nous devons nous engager à les respecter. En les suivant, nous nous imposons une certaine discipline.

Comment devenir une personne disciplinée ?

Apprenez à vous imposer une discipline qui vous permet d'être à l'heure à vos rendez-vous, d'écrire des lettres à vos amis, de payer vos factures à temps, d'utiliser votre temps de manière plus efficace, d'apprendre tout ce que vous désirez apprendre, etc.
La meilleure discipline est celle que vous vous imposez. N'attendez pas que les choses se détériorent avant de vous décider à être discipliné.

Chapitre 12

L'EXCELLENCE:

« Les gens qui réussissent commencent là où s'arrêtent les perdants. Ne vous contentez jamais du travail simplement fait. Excellez. »
Tom Hopkins

Votre vie s'améliore seulement si vous vous améliorez. Et parce que vous pouvez vous améliorer à l'infini, votre vie peut elle aussi s'améliorer à l'infini.
Prenez, dès aujourd'hui, l'engagement d'exceller, d'être le meilleur dans ce que vous faites. Vous avez le droit d'être parmi les 10 % ou même les 5 % des meilleurs dans votre profession. C'est de cette manière que vous vous épanouirez le mieux.

« La qualité de votre vie sera directement proportionnelle à l'engagement que vous prendrez d'exceller, quel que soit le projet que vous choisirez d'entreprendre. »
John Mason

Souvenez-vous toujours de ceci : aucune personne n'est plus intelligente que vous.
Ce douzième principe du succès vous permettra de donner le meilleur de vous-même et d'atteindre des sommets dans la réalisation de votre potentiel.
Croyez en vous et faites de petits progrès chaque jour. Demandez-vous toujours comment vous pouvez améliorer ce que vous faites. La qualité d'un travail finit toujours par être payante. Ne vous découragez pas si vous rencontrez des obstacles. Votre volonté d'aller de l'avant vous aidera à venir à bout de ces difficultés. Si la voie que vous avez choisie est noble et vous passionne, foncez et excellez.

« La seule chose qui sépare chacun de nous de l'excellence est la peur et le contraire est la foi ; Je fais attention à ne pas confondre l'excellence et la perfection. L'excellence, je peux l'atteindre ; la perfection, c'est l'affaire de Dieu. »
Michael J. Fox

Tous ceux et toutes celles qui ont réussi dans la vie, de manière extraordinaire, ont forcément excellé dans leur domaine d'activité d'une certaine manière.
Choisissez la voie de l'**EXCELLENCE** et vous aurez toutes les chances d'ouvrir grandement les portes du succès et du plein épanouissement de soi.

Conclusion

Ce jour vous appartient, car vous avez la possibilité de ***décider des contours de votre succès futur***. C'est essentiellement la raison qui nous a poussé à écrire ce petit livre. L'objectif visé est de susciter une prise de conscience, de faire comprendre que la fatalité n'existe que pour celui ou celle qui croit en elle.

Votre avenir vous appartient. **Planifiez-le** et **rectifiez votre plan**, au besoin, en cours de chemin. Si vous ne le faites pas, d'autres personnes se chargeront de le faire à votre place en contrôlant votre vie.

Tout le monde a des dons et des talents. Pour réussir, il faut tout simplement les mettre en valeur pour pouvoir en tirer profit. **La qualité de votre vie dépendra de la qualité de votre plan d'action** et de la **volonté** que vous y mettez pour l'exécuter.

Vous connaissez, maintenant, ***les 12 lois éternelles et universelles du succès***. Vous n'avez donc plus d'excuses.

CROYEZ EN VOUS et **REUSSISSEZ** !

Table des matières

Printed by Books on Demand GmbH, Norderstedt / Germany